Aktionstabletts im Kindergarten
41 spannende Lernangebote für Kinder von 3 bis 6 Jahren

Activity trays in day nurseries
41 exciting educational tray ideas for children aged 3 to 6 years

Impressum

Aktionstabletts im Kindergarten
41 spannende Lernangebote für Kinder von 3 bis 6 Jahren

Activity trays in day nurseries
41 exciting educational tray ideas for children aged 3 to 6 years

Autorin
Antje Bostelmann

Fotos
Christina Kempf

Gestaltung
Sebastian Vollmar

Illustrationen
Angela Pelzl

Lektorat
Karoline Tielke

Übersetzung ins Englische
Phoebe Indetzki für LUND Languages, Köln

Druckerei
AZ Druck und Datentechnik GmbH, Kempten
Gedruckt auf chlorfrei gebleichtem Papier

Verlag
Bananenblau – Der Praxisverlag für Pädagogen
E-Mail: info@bananenblau.de
www.bananenblau.de

© Bananenblau 2017
ISBN 978-3-946829-12-6
3., bearbeitete Auflage 2022

Die Fotos wurden in der Klax Kita Wolkenhaus und in der Klax Vorschule Regenbogenhaus in Berlin aufgenommen.

Alle verwendeten Texte, Fotos und grafischen Gestaltungen sind urheberrechtlich geschützt und dürfen ohne Zustimmung des Urhebers bzw. Rechteinhabers außerhalb der urheberrechtlichen Schranken nicht von Dritten verwendet werden, insbesondere, jedoch nicht abschließend, weder vervielfältigt, bearbeitet, verbreitet, öffentlich vorgetragen, aufgeführt, vorgeführt oder zugänglich gemacht, gesendet oder sonst wie Dritten zugänglich gemacht werden.

Inhalt

- **4** Vorwort
- **6** Einleitung
- **13** Was gehört wohin?
  - Schwein oder Kuh, wer bist du?
  - Über kurz oder lang
  - Maß genommen
  - Wer ist größer?
  - Obstkorb und Gemüsekiste
- **25** Wieviel wovon?
  - Schneckenhäuser zählen
  - Fünf Punkte zählen
  - Wo passt mehr rein?
  - Hälfte, Doppel, Viertel
- **35** Alles so schön bunt hier
  - Von hell zu dunkel
  - Bunte Tierwelt
  - Fantastische Farbensucher
  - Die Farben des Regenbogens
  - Schnipselflaschen
- **47** Flinke Finger
  - Deckel-Sushi
  - Fädel die Form
  - Drunter und drüber
  - Finde den Weg
  - Fädelschuh
- **59** Schöne Muster, gelegte Bilder
  - Knöpfe an die Leine
  - Knopfstrudel
  - Mandala aus Holzfiguren
  - Die Klammerschlange
  - Formenschaschlik
- **71** Geometrie zum Spielen
  - Dreieck, Viereck – Haus
  - Würfelsudoku
  - Tangram
  - Finde den Schatten
  - Mal es mir in den Sand
- **83** Ene, mene, muh – Sprachspiele
  - Reimwörter finden
  - Bildmemory mit Reimen
  - Zusammengesetzte Wörter
  - Teile von Dingen
  - Bilder benennen und zuordnen
- **95** Überall Lichter
  - Liebe Lampe, leuchte!
  - Strahlende Bilder
  - Im Puppenhaus brennt Licht
  - Plus und Minus
- **105** Wieso, weshalb, warum?
  - Welches Tier wohnt wo?
  - Magnetismus
  - Welche Frucht ist das?
- **112** Ein Wort zum Schluss
- **114** Autorin
- **115** Danksagung

Content

- **4** Preface
- **6** Introduction
- **13** What goes where?
  - Pig or cow, who are you now?
  - Short and long
  - Measure up
  - Who's bigger?
  - Fruit bowl and vegetable basket
- **25** How many?
  - Counting snail shells
  - Counting five dots
  - Which container can hold the most?
  - Half, quarter, eighth
- **35** What a colourful world!
  - From light to dark
  - The colourful animal kingdom
  - Fantastic colour seekers
  - The colours of the rainbow
  - Paper snippet bottles
- **47** Nimble fingers
  - Lid sushi
  - Thread the shape
  - Under and over
  - Find the path
  - Threading shoe
- **59** Pretty patterns, placing pictures
  - Buttons on a string
  - Button spiral
  - Mandala with wooden figures
  - The clip snake
  - Shape kebab
- **71** Geometry fun
  - House with triangles and rectangles
  - Dice sudoku
  - Tangram
  - Find the shadow
  - Draw it in the sand
- **83** Eeny, meeny, miny mo – languages games
  - Finding rhyming words
  - Picture card memory game with rhyming words
  - Compounds
  - Parts of objects
  - Naming and sorting pictures
- **95** Let there be light
  - Glow, lamp, glow!
  - Glowing pictures
  - Light in the doll's house
  - Plus and minus
- **105** What? Why? How?
  - Where do the animals live?
  - Magnetism
  - What fruit is it?
- **112** A final word
- **114** Author
- **115** Acknowledgements

Vorwort

Preface

Liebe Leserinnen und Leser,

mit dem vorliegenden Buch halten Sie 41 Ideen für den praktischen Einsatz von Aktionstabletts in der Bildungsarbeit in der Hand. In jedem Bildungsbereich des Kindergartens lässt es sich mit Tabletts gut arbeiten. Der Vorteil, dass Kinder selbständig und eigenaktiv Übungen durchführen und Aufgaben lösen können, kommt dem Kindergarten sehr entgegen. Der einfache Einsatz von Tabletts im pädagogischen Alltag macht die Arbeit mit ihnen so attraktiv.

Über Tabletts ist viel geschrieben worden und die Methode ist in den meisten Kindereinrichtungen bekannt. Bereits 2012 haben wir unser erstes Buch zum Thema veröffentlicht. Daher habe ich mich entscheiden, im Einleitungsteil nur kurz auf die wesentlichen Grundsätze der

---

Um den Lesefluss nicht zu behindern, haben wir im Fließtext meistens die männliche Form gewählt. Es dürfen sich aber immer beide Geschlechter angesprochen fühlen.

Dear reader,

This book contains 41 practical ideas for educational activity trays. Activity trays can be useful in all areas of education in day nurseries. The fact that children can work on them independently, and practice skills by themselves, is a decided advantage in the nursery. And it's their very simplicity which makes them so attractive for everyday educational purposes.

Much has been written about activity trays, and most day care facilities for children have heard about the method. We published our first book on the subject back in 2012. For this reason, I've kept the introduction in this book as short as possible, touching only on the basic principles of working with activity trays and describing how to integrate them into the routine planning and

Arbeit mit Aktionstabletts einzugehen und die Einbindung in die Planungs- und Dokumentationsarbeit zu beschreiben. Zu Gunsten von Fotos und der Darstellung von möglichst vielen unterschiedlichen Ideen, werden die Texte im praktischen Teil des Buches kurz und knapp gehalten. Ich hoffe, dass die vorliegenden Tablettideen ihren pädagogischen Alltag bereichern und freue mich wie immer auf Ihr Feedback, Ihre Anregungen und Fragen.

Ihre
Antje Bostelmann

Januar 2017

documentation work of the day nursery. In the main part of the book, we've kept the descriptive texts as short as possible in order to leave sufficient room for photos and pictures. I hope you find the activity tray ideas in this book helpful in your daily educational work. As always, I look forward to hearing your comments, ideas and questions.

*Kind regards,
Antje Bostelmann*

January 2017

Einleitung

Introduction

Lernangebote auf dem Tablett

Drei Jahre Spielen und Lernen im Kindergarten sind eine vergleichsweise kurze Zeit, in der Kinder so viel, so schnell und so leicht lernen wie niemals mehr im späteren Leben. Die große Lernbereitschaft der Kinder stellt eine Herausforderung für das pädagogische Personal in den Einrichtungen dar. Wie können Kindergärten trotz des anhaltenden Personalmangels und anderen strukturellen Einschränkungen dem Lernbedürfnis der Kinder gerecht werden?

Eine gute Hilfe ist das Arbeiten mit Aktions-, bzw. Lerntabletts. Die von Maria Montessori eingeführte Methode geht davon aus, dass das Lernangebot auf dem Tablett so präsentiert wird, dass es ohne Erklärungen auskommt. Das Kind sieht das auf dem Tablett präsentierte Material, versteht die Aufgabe und fühlt sich angeregt, die Aufgabe zu lösen.

Das Arbeiten mit Lerntabletts lässt sich leicht in den pädagogischen Alltag einbauen, wenn einige einfache Regeln beachtet werden:

Educational challenges on the tray

Three years of playing and learning in nursery – during this relatively short space of time, children learn an incredible amount. And they learn considerably faster and easier than ever again in later life. But this instinctive thirst for knowledge is a challenge for the teachers and nursery nurses who work in day nurseries. How can nurseries do justice to children's learning needs, even when they are understaffed or facing structural challenges, as is so often the case?

Activity trays can be a huge help here. Developed by Maria Montessori, this method involves arranging an educational challenge on a tray in a completely self-explanatory manner.

The child looks at the materials on the tray, understands the task, and feels challenged to solve it.

Activity trays can be integrated easily into day-to-day to nursery life. A few simple rules, however, should always be observed:

1. **Kinder am Tablett beobachten**
   Es ist für Pädagogen immer wichtig zu wissen, was die Kinder können und über welche Fähigkeiten sie bereits verfügen. Dafür greifen Pädagogen auf ihre täglichen Beobachtungen zurück und ziehen so Schlüsse über den Entwicklungsstand und das Wissen der Kinder. Auch bei der Arbeit mit Tabletts ist genaue Beobachtung ein grundlegendes Arbeitsinstrument. Wie intensiv und erfolgreich nutzen die Kinder die angebotenen Tabletts? Schaffen sie es, die Aufgaben selbständig zu lösen? Erst wenn die Kinder die Aufgaben auf den Tabletts mehrfach alleine gelöst haben, ist es Zeit für eine größere Herausforderung auf einem neuen Tablett. Auch die Frage, ob die Tabletts häufig genutzt werden oder unbenutzt im Regal stehen, ist wichtig. Letzteres wäre ein Indiz dafür, dass die Kinder neue Tabletts mit altersangepassten Aufgaben brauchen.

2. **Tabletts müssen zum Lernen herausfordern**
   Mit den aus den Beobachtungen gewonnenen Kenntnissen über den Entwicklungsstand der Kinder wird geplant, welche Tabletts in nächster Zeit zum Einsatz kommen sollen.

3. **Aufgabenstellungen auf den Tabletts anpassen**
   Im Prozess der pädagogischen Planung machen Pädagogen sich auf die Suche nach neuen Herausforderungen, die die Kinder zur nächsten Lernetappe führen sollen. Daher ist es wichtig, die Aufgabenstellungen auf den Tabletts immer wieder anzupassen.

1. *Observe the children at work*
   It's important for nursery nurses to know which abilities and skills the children already possess. For this purpose, they need to observe the children on a daily basis, and then draw conclusions on each child's state of development and level of learning. Careful observation also plays a key role when working with activity trays. How concentrated and successful is the child when working with the activity tray in question? Is the child able to solve the challenge without support? Children should engage with one and the same activity tray until they have completed the task successfully more than once by themselves. Only then is it time to move on to a new activity tray. The frequency with which activity trays are used is also an important factor. If an activity tray has not been used for some time, this might indicate that the children need new challenges which are more appropriate to their age.

2. *Activity trays should challenge the child to learn something new*
   Using the insights gained from their observations on the child's state of development, nursery nurses can plan which activity trays to use next.

3. *Adjusting the tasks on the activity trays*
   As they plan their educational goals, nursery nurses need to find new challenges which will help the children take the next step in learning. This is why it is important to keep on adjusting the tasks on the activity trays accordingly.

1. **Jeden Monat neue Tabletts**
   Es kann eine gute Regel sein, einmal im Monat die angebotenen Tabletts zu überprüfen. Aufgaben, die die meisten Kinder schon häufig gelöst haben, werden weggestellt und schwierigere Aufgaben hervorgeholt.

2. **Tabletts bereithalten**
   Es ist sehr zeitaufwändig, richtig gute Tabletts einzurichten. Daher sollten fertig arrangierte Tabletts, die nicht im Einsatz sind, an einem für alle Pädagogen zugänglichen Ort aufbewahrt werden. Das kann ein Regal im Pausenraum der Pädagogen oder ein Extraraum – das sogenannte pädagogische Austauschlager – sein.

Tabletts entwickeln und bereitstellen

Es ist eine wichtige Aufgabe der Pädagogen im Kindergarten, den Entwicklungsstand jedes einzelnen Kindes aus der Gruppe im Kopf zu haben und sich zu überlegen, welche Herausforderung das einzelne Kind zu neuem Lernen bringen könnte. Auf dieser Grundlage entstehen Tabletts. Stellen wir uns einen Gruppenraum vor, in dem wir uns das Regal mit den Tabletts genauer betrachten, können wir also davon ausgehen, das hinter jedem einzelnen Tablettarrangement ein Lernziel für ein Kind steht. Hat also ein Pädagoge in der Vorschulgruppe erkannt, dass ein Kind sich von Farbmustern angezogen fühlt, kann er ein Tablett entwickeln, auf dem Farbmuster zusammengestellt werden müssen. Dieses Tablett bietet er dem Kind an. Es wird sicher auch noch andere Kinder geben, die sich für das Tablett interessieren und die darauf präsentierte Aufgabe lösen wollen. Das ist natürlich jederzeit möglich

1. *New activity trays every month*
   A good rule of thumb could be to check the activity trays once a month. If most of the children have repeatedly solved a task successfully, it's time to replace it with a more challenging activity tray.

2. *Prepare activity trays in advance*
   Preparing a truly good activity tray takes time. So if an activity tray is not currently being used by a child, you should keep it in a place which can be accessed by all the staff. A shelf in the staffroom would be fine, or an extra room used specially for storing educational materials.

Developing and deploying activity trays

One important part of a nursery nurse's job is to be aware of each child's current and individual stage of development, and to provide each child with challenges which will help them to move on to the next stage. This forms the basis for activity trays. So we can assume, if we take a closer look at a shelf full of activity trays, that each tray represents an educational goal for a particular child. If a nursery nurse in the preschool group observes that a child is fascinated by colour patterns, for example, they might develop an activity tray where the child has to organise colours into patterns. This activity tray is then presented to the child. Other children may well display an interest in the same activity tray, and want to solve the task it presents. This is, of course, completely in order – and part of the intention. Once the activity tray is in use, the nursery nurse needs to watch the child carefully to

Darauf bei der Erstellung von Tabletts achten:

- Tabletts begrenzen den Arbeitsraum des Kindes. Diese Wirkung kann man auch mit einem festen Untersetzer oder – bei Aufgaben mit größeren Materialien – mit kleinen Teppichen erzeugen.

- Tabletts präsentieren Aufgaben und keine Lösungen. Auf dem Tablett wird die Aufgabe so präsentiert, dass sie noch gelöst werden muss. Es ist wichtig, einen Anreiz zu geben, der zum Weiterspielen einlädt.

- Tabletts bieten Lernangebote an. Deshalb immer genau überlegen, ob alle notwendigen Informationen, die das Kind zum Verstehen der Aufgabe braucht, auch dargestellt werden.

- Tabletts für Kindergartenkinder müssen ohne schriftliche Erklärungen auskommen. Die Aufgabe muss also gut bebildert sein. Wenn es gar nicht ohne Erklärungen geht, kann die Aufgabe auch auf eine „sprechende Klammer" aufgenommen werden. Das Kind kann sich die Aufgabe anhören, indem es die am Tablett befestigte Klammer mit den Fingern berührt.

- Tabletts lassen sich zu Lernstationen zusammenstellen. Mehrere Tabletts mit Aufgaben in unterschiedlichen Schwierigkeitsgraden bilden einen Lernparcours. Nur wer die erste Aufgabe gelöst hat, kann sich an die zweite heran machen, usw.

When preparing an activity tray, pay attention to the following:

- *Trays provide a defined work area for the child. You can also use a mat, or (if the task involves larger materials) a small carpet to generate the same effect.*

- *Trays present challenges, not solutions. The task in hand must hence be presented in an "unsolved" form. It's important to create an incentive to encourage the child to engage further with the activity tray.*

- *Activity trays serve an educational purpose. So always think carefully to make sure your tray contains all the information which the child will need in order to understand the task.*

- *Trays for nursery aged children can't include written instructions. So the task has to be visually clear. If it has to be explained at all, you could record instructions onto a "talking peg" which is then attached to the tray. The child can then listen to the instructions by pressing on the talking peg.*

- *Trays can be combined to form small educational workshops. Trays which are graded in level of difficulty can be used in sequence as learning ladders. Here, the child has to solve the first task before moving on to the next tray.*

und auch gewollt. Ist das Tablett im Einsatz, muss der Pädagoge ganz genau zuschauen, wie das Kind an die Aufgabe herangeht. Der Pädagoge kann jetzt Variationen von der Aufgabe entwickeln oder sogar weitere Schwierigkeitsgrade anbieten.

Um beim Farbmusterbeispiel zu bleiben: Eine einfache Aufgabe ist es, Farbplättchen in zwei Farben in einem abwechselnden Muster auf eine Linie zu legen. Schwieriger sind drei Farben. Noch schwieriger ist es, ein vorgelegtes Muster aus zwei oder drei Farben nachzulegen oder fortzuführen.

Tabletts fördern das selbständige Lernen
Werden Tabletts im Gruppenraum in ausreichender Anzahl bereitgestellt und passen sie in ihren Inhalten zum aktuellen Lernbedürfnis der Kinder, werden die Kinder sich selbständig mit den Tabletts beschäftigen. Der Pädagoge gewinnt so Zeit, sich um andere Dinge zu kümmern oder sich einzelnen Kindern mit besonderen Bedürfnissen zu widmen. Die Arrangements auf den Tabletts lassen sich von den Kindern gut selbständig aufräumen.

see how it approaches the task in hand. The nursery nurse can then develop variants of the tasks, or even make it more challenging if necessary.

Let's use the colour pattern example again. A simple challenge might involve creating a pattern by placing tiles alternately in two different colours. Three colours is more challenging. An even greater challenge would be replicating or continuing a more complex pattern in two or three different colours.

Activity trays encourage children to think for themselves
Given sufficient activity trays in the group room, and provided the tasks correspond to their stage of development, children are likely to engage with the trays without prompting. This gives nursery nurses more time to deal with other things, or pay more attention to children with specific needs. Children should be able to tidy the trays by themselves.

Wichtige Regeln für den Einsatz von Tabletts im Kindergarten sind:
- Mit dem Tablett wird nur am Tisch gespielt.
- Das Tablett wird nach dem Spiel wieder aufgeräumt und zurück ins Regal gestellt.
- An einem Tablett spielen maximal drei Kinder zusammen.

Important rules when using activity tray in day nurseries:
- Trays should only be used on tables.
- Trays should be tidied up and put away after use.
- No more than three children should be allowed to play with one activity tray.

Was gehört wohin?
What goes where?

Tabletts zum Erkennen von Kategorien

Activity trays for recognising categories

Was gehört wohin? | *What goes where?*

Schwein oder Kuh, wer bist du? *Pig or cow, who are you now?*

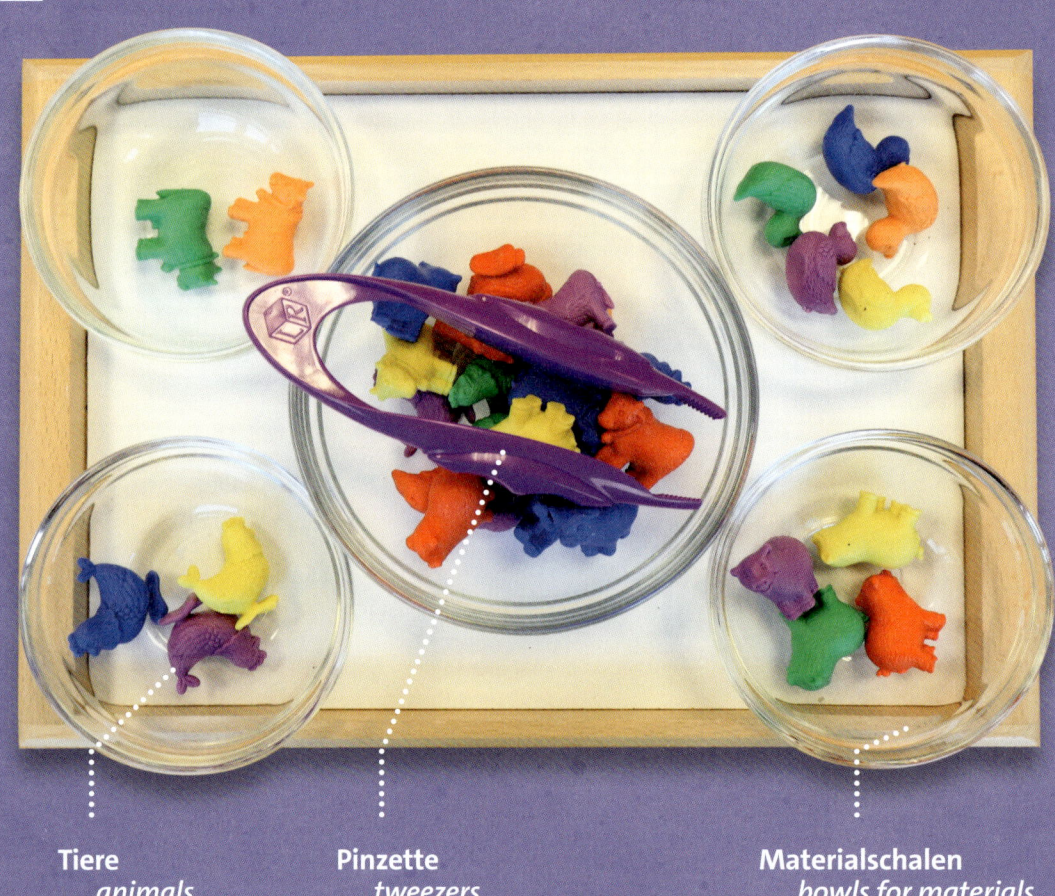

Tiere
animals

Pinzette
tweezers

Materialschalen
bowls for materials

Das tut das Kind
Die Tiere nach Kategorien sortieren.

Lernziel
Verstehen, dass es unterschiedliche Tierarten gibt und diese benennen können.

Herausforderungen planen
Vierbeiner und Zweibeiner sortieren, Wildtiere und Bauernhoftiere sortieren, Tiere mit den Fingern und später mit der Pinzette sortieren. Transportmittel nach Land-, Wasser- und Luftfahrzeugen sortieren.

What the child does
Sorts the animals according to category.

Learning objective
To understand and name different kinds of animals.

Make it more challenging
Sort according to two-legged or four-legged animals; farm animals or wild animals; sort by hand, and later using tweezers. Sort vehicles according to whether they travel on land, water or air.

Darauf achten
Bei dem abgebildeten Material könnten die Kinder auch auf die Idee kommen, nach Farbe zu sortieren. Will man dies vermeiden, in jedes Schälchen zwei unterschiedlich farbige Tiere einer Kategorie legen. Damit ist das Kriterium, nach dem sortiert werden soll, vorgegeben.

Important
Given the material shown above, a child might decide to sort according to colour. If you want to avoid this happening, place two differently-coloured animals in one bowl to make the sorting criteria clear.

Was gehört wohin? | *What goes where?*

Über kurz oder lang *Short and long*

Strohhalme unterschiedlicher Länge
Straws in different lengths

Das tut das Kind
Strohhalme nach der Länge sortieren.

Lernziel
Die Kategorien „kurz", „kürzer", „lang" und „länger" verstehen.

Herausforderungen planen
Zunächst weniger, später mehr Strohhalme mit feineren Längenunterschieden anbieten.
Jeweils drei gleich lange Strohhalme zu jeder Länge anbieten.

What the child does
Sorts straws according to length.

Learning objective
To understand the categories short, shorter, long and longer.

Make it more challenging
Begin with just a few straws, and slowly increase the number of straws, making the differences in length less obvious. Include three straws for each length.

Darauf achten
Sollten die Kinder Schwierigkeiten haben, versuchen Sie es mit einfarbigen statt bunten Strohhalmen.

Important
If the children find this too challenging, use unicoloured straws.

Was gehört wohin? | *What goes where?*

Maß genommen *Measure up*

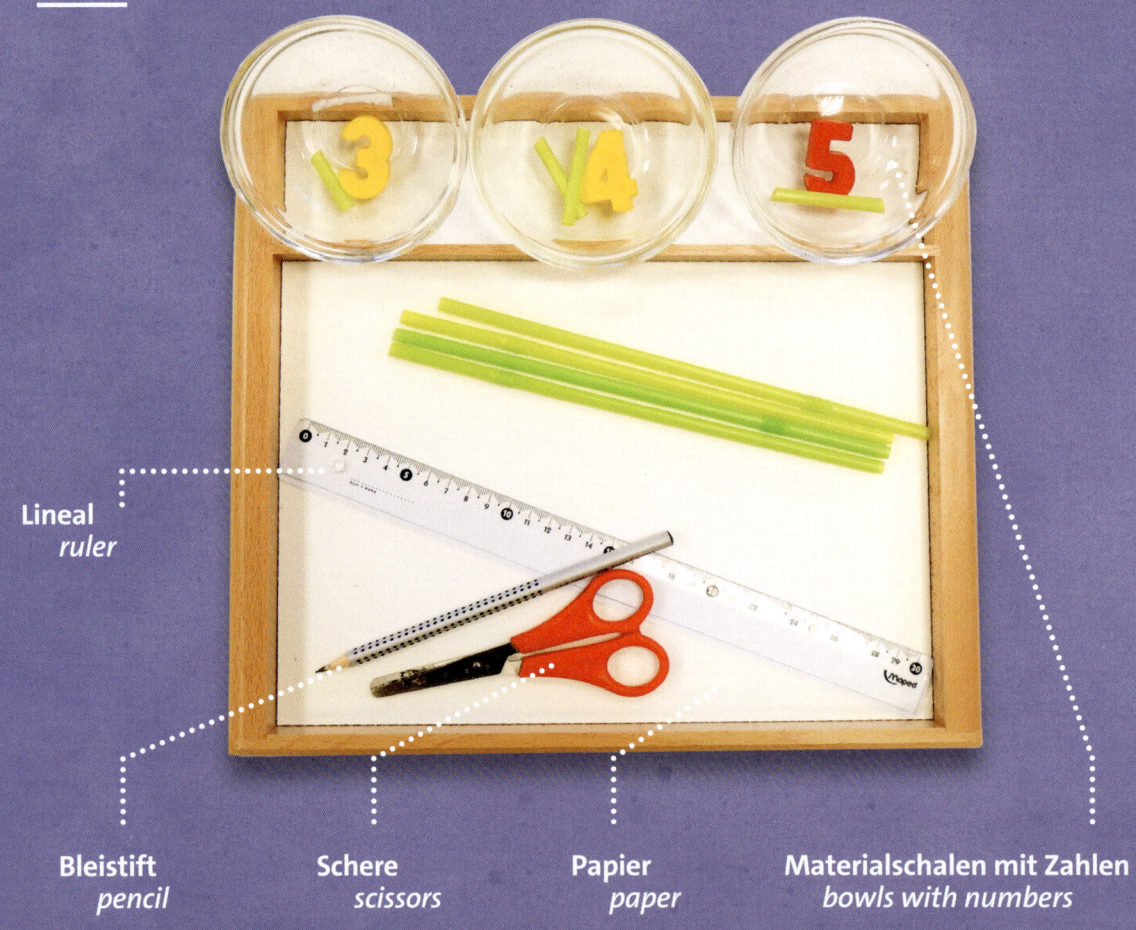

Lineal *ruler*

Bleistift *pencil*

Schere *scissors*

Papier *paper*

Materialschalen mit Zahlen *bowls with numbers*

Das tut das Kind
Strohhalme abmessen und in drei, vier und fünf Zentimeter lange Stücke schneiden.

Lernziel
Den Umgang mit dem Lineal üben.
Die Maßeinheit Zentimeter verstehen und praktisch erproben.

Herausforderungen planen
Strohhalme entsprechend den Vorlagen in den Schüsseln abmessen und zuschneiden.

What the child does
Measures straws and cuts them into three, four and five centimetre pieces.

Learning objective
To learn to use a ruler.
To understand and get a practical grasp of centimetres as a unit of measurement.

Make it more challenging
Measure and cut the straws according to the originals in the bowls.

Darauf achten
Eventuell hinterlässt der Bleistift auf dem Strohhalm keine Markierung, dann einen Permanentmarker mit feiner Spitze anbieten.

Important
Pencils may not leave a visible mark on the straws. If they don't, use a permanent marker instead.

Was gehört wohin? | *What goes where?*

Wer ist größer?
Who's bigger?

Legevorlagen
templates

Kamele in drei Größen
camels in three different sizes

Materialschalen
bowls for materials

Das tut das Kind
Tiere nach Größe sortieren.

Lernziel
Größenunterschiede erkennen üben.
Größen in der richtigen Reihenfolge anordnen.

Herausforderungen planen
Von drei über fünf auf bis zu zehn Tiere oder Gegenstände erhöhen, die sich nach Größe ordnen lassen.

What the child does
Sorts the animals according to size.

Learning objective
To practice recognising differences in size.
To place the different sizes in the correct order.

Make it more challenging
Increase from three to five to ten different animals or objects which need to be sorted according to size.

Darauf achten
Die Größenunterschiede zwischen den einzelnen Tieren oder Gegenständen sollten immer gleich sein.

Vorlagen können Sie auch anhand der Gegenstände, die Sie in der Kita haben, selbst erstellen.

Important
The difference in size between the individual animals or objects should always be identical.

You can also create your own template using the materials in your day nursery.

Was gehört wohin? | *What goes where?*

Obstkorb und Gemüsekiste
Fruit bowl and vegetable basket

Bildkarten von Obst und Gemüse
picture cards of fruits and vegetables

Materialschalen
bowls for materials

Das tut das Kind
Abbildungen von Obst und Gemüse dem richtigen Korb zuordnen.

Lernziel
Die Kategorien Obst und Gemüse verstehen und benutzen können.

Herausforderungen planen
Zuerst Abbildungen von einfach zu ordnenden Sorten anbieten, dann unbekanntere Sorten dazunehmen.

What the child does
Sorts picture cards of fruits and vegetables into the correct bowls.

Learning objective
To understand and get a grasp of the categories fruit and vegetables.

Make it more challenging
Begin with varieties which are easy to assign before introducing lesser known varieties.

Darauf achten
Bei Abbildungen und Fotos immer darauf achten, dass der abgebildete Gegenstand mit seinen charakteristischen Merkmalen genau zu erkennen ist.

Obst- und Gemüsekarten können Sie auch selber ausdrucken und laminieren.

Important
Make sure the fruit or vegetable on the picture card is clearly recognisable and identifiable.

Wieviel wovon?
How many?

Tabletts zum Üben von Mengenverhältnissen

Trays for practising ratios and quantities

Wieviel wovon? | *How many?*

Schneckenhäuser zählen *Counting snail shells*

Punktekarten
scorecards

leere und gesäuberte Schneckenhäuser
clean, empty snail shells

Das tut das Kind
Das Kind legt die Schneckenhäuser auf die Punkte.

Lernziel
Zuordnen, die Anzahl von Gegenständen auf einen Blick erfassen und Mengen erkennen.

Herausforderungen planen
Den Zahlenraum auf 20 erweitern.

What the child does
Places the snail shells on the dots.

Learning objective
To practice sorting, to take in a number of objects at one glance and recognise quantities.

Make it more challenging
Increase the number of objects to 20.

Darauf achten
Die Punktekarten sollten in ihrer Darstellung den Mengenschemen auf Würfelbildern entsprechen. Das Kind muss die Menge auf einen Blick erkennen und sich einprägen können.

Important
The scorecards should depict the numbers with dots, like on a dice. The child has to be able to take in and remember the quantity at a glance.

Wieviel wovon? | *How many?*

Fünf Punkte zählen *Counting five dots*

Wäscheklammern mit Zahlen
numbered clothes pegs

Marienkäfer mit unterschiedlicher Anzahl von Punkten
ladybirds with different numbers of spots

Das tut das Kind
Zahlenklammern den Marienkäfern mit der entsprechenden Anzahl der Punkte zuordnen.

Lernziel
Die Anzahl von Punkten im Zahlenraum bis Fünf auf einen Blick erfassen, vergleichen und zuordnen können.

Herausforderungen planen
Den Zahlenraum auf Eins bis Zehn erweitern.

What the child does
Matches numbered clothes pegs with ladybirds with the same number of spots.

Learning objective
To take in a number of spots (up to five) at a single glance, and compare and sort accordingly.

Make it more challenging
Increase the number range up to ten.

Darauf achten
Die Punktekarten sollten in ihrer Darstellung den Mengenschemen auf Würfelbildern entsprechend. Das Kind muss die Menge auf einen Blick erkennen und sich einprägen können.

Important
The scorecards should depict the numbers with dots, like on a dice. The child has to be able to take in and remember the quantity at a glance.

Wieviel wovon? | *How many?*

Wo passt mehr rein?
Which container can hold the most?

30

Messzylinder
measuring jug

drei Behälter unterschiedlicher Form, gleichhoch gefüllt mit Linsen
three differently shaped containers, filled to an equal height with lentils

Das tut das Kind
Den Inhalt der Behälter in den Messzylinder schütten und deren Füllhöhe begutachten.

Lernziel
Erkennen von unterschiedlichen Inhaltsmengen gleichhoch gefüllter Gefäße.

Herausforderungen planen
Die Menge im Messzylinder auf einem Blatt Papier notieren. Variieren des Schüttinhalts, z. B. Wasser.

What the child does

Pours the contents of each container into the measuring jug to see what level it comes up to.

Learning objective

To recognise containers can contain different amounts, even if they are filled to the same height.

Make it more challenging

Note down on a piece of paper the amount measured. Put something different into the container (e.g., water).

Darauf achten
Rutschgefahr beim Verschütten von Wasser und Linsen.

Important
Water or lentils may present a hazard if they spill onto the floor!

Wieviel wovon? | *How many?*

Hälfte, Doppel, Viertel
Half, quarter, eighth

Bausteine in passenden Größenverhältnissen
building blocks in appropriate sizes

vorgezeichnete Vorlage
template

Das tut das Kind
Bausteine der verschiedenen Größen entsprechend der Vorlage zusortieren.

Lernziel
Mengen erkennen und verstehen.

Herausforderungen planen
Holztorte mit ¼ Stücken bereitstellen.

What the child does
Sorts building blocks according to the sizes shown on the template.

Learning objective
To recognise and understand quantities.

Make it more challenging
Find a toy cake (made of wood), cut into ¼ pieces.

Darauf achten
Die Bausteine sollten exakt geschnitten sein: 2 der ¼ Bausteine entsprechen dem ½ Baustein usw.

Important
The building blocks must be cut to size with precision. 2 of the ¼ blocks should correspond exactly to a ½ block etc.

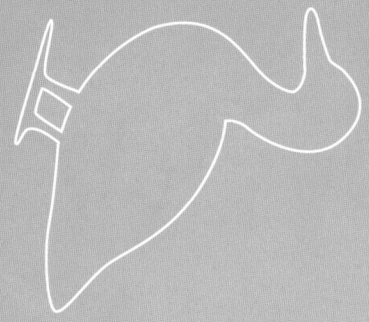

Alles so schön bunt hier

What a colourful world!

Tabletts zum Vergleichen, Zuordnen und Benennen von Farben

Trays for comparing, sorting and naming colours

Alles so schön bunt hier | *What a colourful world!*

Von hell zu dunkel
From light to dark

Farbkarten mit verschiedenen Farbnuancen
colour cards with different shades of colour

Das tut das Kind
Farbkarten von hell zu dunkel ordnen.

Lernziel
Farbnuancen einer Grundfarbe erkennen und ordnen können.

Herausforderungen planen
Zwei Grundfarben mit ihren Farbnuancen als Kärtchen anbieten, die Anzahl erhöhen. Will man den Schwierigkeitsgrad weiter erhöhen, können zwei Farbnuancen vorgegeben werden und die Kinder vervollständigen die Reihe.

What the child does
Sorts coloured cards from light to dark.

Learning objective
To recognise and sort different shades of a primary colour.

Make it more challenging
Introduce cards with different shades of two primary colours; add more cards. If you want to make this task even more challenging, you could start off by placing two shades and encourage the child to finish the sequence in the correct order.

Darauf achten
Zur Orientierung sollten zwei Farbnuancen bereits auf dem Tablett liegen, damit die Kinder die restlichen Karten in der richtigen Reihenfolge anordnen können.

Important
To help the child, put the first two cards down so that the child can finish the sequence in the correct oder.

Alles so schön bunt hier | *What a colourful world!*

Bunte Tierwelt
The colourful animal kingdom

Materialschalen
bowls for materials

bunte Tiere
animals in different colours

Pinzette
tweezers

Das tut das Kind
Tierfiguren nach Farben ordnen.

Lernziel
Zugehörigkeiten erkennen und danach ordnen können.
Farben erkennen und ordnen können.

Herausforderungen planen
Die Anzahl der Farben erhöhen, indem zu den Grundfarben noch weitere Mischfarben dazu kommen.

What the child does
Sorts animals according to colour.

Learning objective
To recognise and sort according to groups.
To recognise and sort different colours.

Make it more challenging
Increase the number of colours by including some secondary colours as well as primary colours.

Darauf achten
Bei jüngeren Kindern mit den Grundfarben beginnen.

Important
For very young children, start with primary colours only.

Alles so schön bunt hier | *What a colourful world!*

Fantastische Farbensucher *Fantastic colour seekers*

Materialschale
bowl for materials

entsprechend farbige Glassteine
glass beads in the relevant colours

verschiedene Farbkarten
coloured cards

Das tut das Kind
Bunte Glassteine den Farbkarten zuordnen.

Lernziel
Farben erkennen und zuordnen können.

Herausforderungen planen
Glassteine nicht mit den Fingern sondern mit der Pinzette greifen oder mit dem Kaffeelöffel „schöpfen".

What the child does
Places the beads on the matching colour card.

Learning objective
To recognise and match different colours.

Make it more challenging
Let the child pick the beads up with tweezers rather than fingers, or scoop them up in a spoon.

Darauf achten
Achtung, verschluckbare Kleinteile!

Important
Caution, danger of choking!

Alles so schön bunt hier | *What a colourful world!*

Die Farben des Regenbogens
The colours of the rainbow

Regenbogenvorlage
rainbow template

entsprechend farbige Glassteine
glass beads in the relevant colours

Materialschale
bowl for materials

Das tut das Kind
Das Kind sortiert entsprechend farbige Regenbogensteine auf die Vorlage.

Lernziel
Farben erkennen, benennen und zuordnen.

Herausforderungen planen
Die Regenbogenvorlage umdrehen. Glassteine werden aus dem Gedächtnis gelegt.

What the child does
Sorts the rainbow coloured glass beads on the template.

Learning objective
To recognise, name and match different colours.

Make it more challenging
Turn the rainbow template over. See if the child can lay the marbles in the correct order from memory.

Darauf achten
Achtung, verschluckbare Kleinteile!

Important
Caution, danger of choking!

Alles so schön bunt hier | *What a colourful world!*

Schnipselflaschen

Paper snippet bottles

Flaschen mit Farbdeckeln
bottles with coloured lids

Materialschalen
bowls for materials

bunte Papierschnipsel
paper snippets in different colours

Das tut das Kind
Farbige Papierschnipsel in die Flaschen mit Farbdeckel sortieren.

Lernziel
Erkennen und Zuordnen von Farben, Feinmotorik, Fingerfertigkeit.

Herausforderungen planen
Die Anzahl der Farben erhöhen, indem zu den Grundfarben noch weitere Mischfarben dazu kommen.

What the child does
Sorts paper snippets into bottles with coloured lids.

Learning objective
To recognise and sort colours, fine motor skills, dexterity.

Make it more challenging
Increase the number of colours by including some secondary colours as well as primary colours.

Darauf achten
Papierschnipsel sollten kleiner als die Flaschenöffnung sein.

Important
Make sure the paper snippets are smaller than the neck of the bottle.

Flinke Finger

Nimble fingers

Tabletts zum Üben von Geschicklichkeit und Feinmotorik

Trays for practising dexterity and fine motor skills

Flinke Finger | *Nimble fingers*

Deckel-Sushi *Lid sushi*

verschiedene Deckel
various lids

Wanne mit Wasser
tub with water

Essstäbchen
chopsticks

Das tut das Kind
Plastikdeckel mit Stäbchen greifen und auf eine vorgezeichnete Form oder Linie legen.

Lernziel
Geschicklichkeit und Fingerfertigkeit üben.
Nach Farben oder Formen sortieren können.

Herausforderungen planen
Korken auf einer Linie anordnen.

What the child does
Picks up plastic lids with chopsticks and places them on a template or in a row.

Learning objective
To practice dexterity and fine motor skills.
To sort according to colour or shape.

Make it more challenging
Position corks in a row.

Darauf achten
Das Hantieren mit Essstäbchen fällt den meisten Kindern schwer. Sie müssen dies längere Zeit üben. Eine Hilfe ist das Verbinden der Stäbchen mit einem Gummiband am oberen Ende.

Important
Most children find it challenging to handle chopsticks. They have to practice this skill for some time. It may help to join the chopsticks at the top with a rubber band.

Flinke Finger | *Nimble fingers*

Fädel die Form
Thread the shape

Materialschale
bowl for materials

verschiedene Perlen
various beads

Mustervorlage
template

Fädelschnur
string for threading

Das tut das Kind
Unterschiedlich geformte Perlen nach einer Mustervorlage auf eine Schnur aufziehen.

Lernziel
Ein Muster erkennen und nachbauen können.
Fädeln üben.

Herausforderungen planen
Das Muster schwieriger gestalten, indem mehr Perlenformen dazu kommen, oder die Reihenfolge komplizierter anordnen.

Darauf achten
Für kleine Kinder mit einem einfachen Muster beginnen: eine Perlenform in zwei Farben, die abwechselnd aufgefädelt werden. Dann das Muster erschweren (z. B. eine gelbe und zwei blaue Perlen). Erst wenn diese einfachen Muster sicher beherrscht werden, schwierigere Varianten mit Farben und Formen anbieten.

What the child does
Threads differently shaped beads onto a string, following a pattern.

Learning objective
To recognise and copy a pattern.
To practice threading.

Make it more challenging
Make the pattern harder by adding more bead shapes or placing them in a more complicated order.

Important
For small children, begin with a simple pattern; one bead shape in two different colours, threaded alternately. Then make the pattern more challenging (e.g., one yellow bead followed by two blue beads). Wait until the child can master these simple patterns confidently before progressing to more complicated patterns with more colours or shapes.

Flinke Finger | *Nimble fingers*

Drunter und drüber *Under and over*

Flechtpapier und Flechtstreifen
weaving paper and paper strips

Das tut das Kind
Flechten üben.

Lernziel
Fingerfertigkeit, Konzentration und Ausdauer trainieren.

Herausforderungen planen
Verschiedene Materialien und Formen flechten lassen, z. B. mit Flechtpapier oder den klassischen Flechtzopf.

What the child does
To practice weaving.

Learning objective
To practice dexterity, concentration and perseverance.

Make it more challenging
You can use various different materials and shapes for weaving, e.g., paper strips or braided plaits.

Darauf achten
Immer ein Ende der Flechtschnüre befestigen. Am besten eignen sich Maulklammern an einer festen Pappe oder ein Klemmbrett.

Important
Always attach one end of the braid to something solid. You can use a clipboard, or attach to a firm piece of cardboard with a bulldog clip.

Flinke Finger | *Nimble fingers*

Finde den Weg *Find the path*

Kugel
ball

Legosteine
Lego bricks

Das tut das Kind
Eine Kugel durch ein Labyrinth bewegen.

Lernziel
Auge-Hand-Koordination trainieren.

Herausforderungen planen
Ein Labyrinth anbieten, in dem der Weg der Kugel nicht vollständig mit dem Auge verfolgt werden kann. Die Kinder müssen sich vorstellen, an welcher Stelle die Kugel wieder auftaucht.

What the child does
Moves a ball through a labyrinth.

Learning objective
To train eye-hand coordination.

Make it more challenging
Prepare a labyrinth where the child cannot follow the entire path of the ball with their eyes. Children then have to imagine where the ball might reappear.

Darauf achten
Das Labyrinth muss sicher und stabil auf dem Tablett befestigt sein.

Important
Make sure the labyrinth is attached firmly and securely to the tray.

Flinke Finger | *Nimble fingers*

Fädelschuh

Threading shoe

Schnürsenkel oder Wolle mit Tesafilm an den Enden
shoelaces, or wool with sellotape wrapped round the ends

Schuhschablone
shoe template

Das tut das Kind
Fädeln üben.

Lernziel
Feinmotorik und Konzentration üben.
Eine mehrschrittige Handlung einüben.

Herausforderungen planen
Eine Schleife binden.

What the child does
Practices threading.

Learning objective
To practice fine motor skills and concentration.
To practice a multiple-step action.

Make it more challenging
Tie a bow.

Darauf achten
Die Schnüre sollten die richtige Länge und Breite für diese Aktion haben. Die Schnur sollte durch die Schnürlöcher passen.

Important
Make sure the laces or wool are the right length and thickness for this exercise. The lace must fit through the holes!

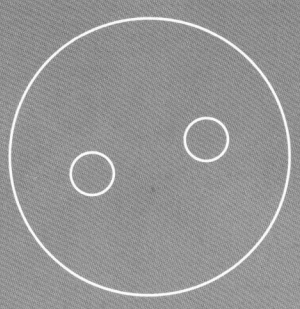

Schöne Muster, gelegte Bilder

Pretty patterns, placing pictures

Tabletts zum Erkennen und Wiedergeben von Mustern und Rhythmen

Trays for recognising and repeating patterns and rhythms

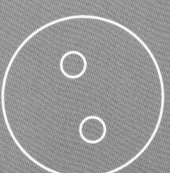

Schöne Muster, gelegte Bilder | *Pretty patterns, placing pictures*

Knöpfe an die Leine
Buttons on a string

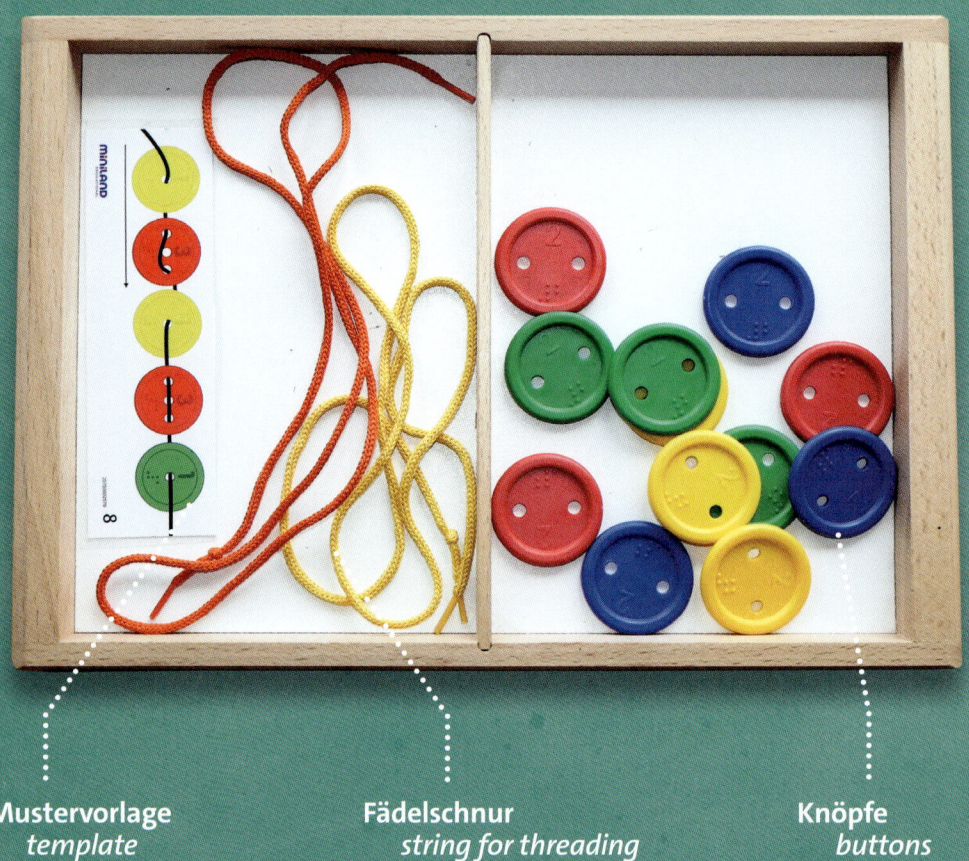

Mustervorlage
template

Fädelschnur
string for threading

Knöpfe
buttons

Das tut das Kind
Knöpfe nach einem vorgegebenen Muster auffädeln.

Lernziel
Ein Muster erkennen und nachgestalten können.
Fädeln üben.

Herausforderungen planen
Von einfachen Mustern mit zwei Farben zu schwierigeren Mustern wechseln.

What the child does
Threads buttons according to the template provided.

Learning objective
To recognise and copy a pattern.
To practice threading.

Make it more challenging
Begin with simple patterns and progress to more complicated patterns.

Darauf achten
Immer eine Mustervorlage mit anbieten. Bei selbsterstellten Aufgaben ein Foto von dem fertigen Muster auf das Tablett legen.

Important
Always provide a suitable template.
If you make up the pattern yourself, place a photo of the finished pattern on the tray.

Schöne Muster, gelegte Bilder | *Pretty patterns, placing pictures*

Knopfstrudel

Button spiral

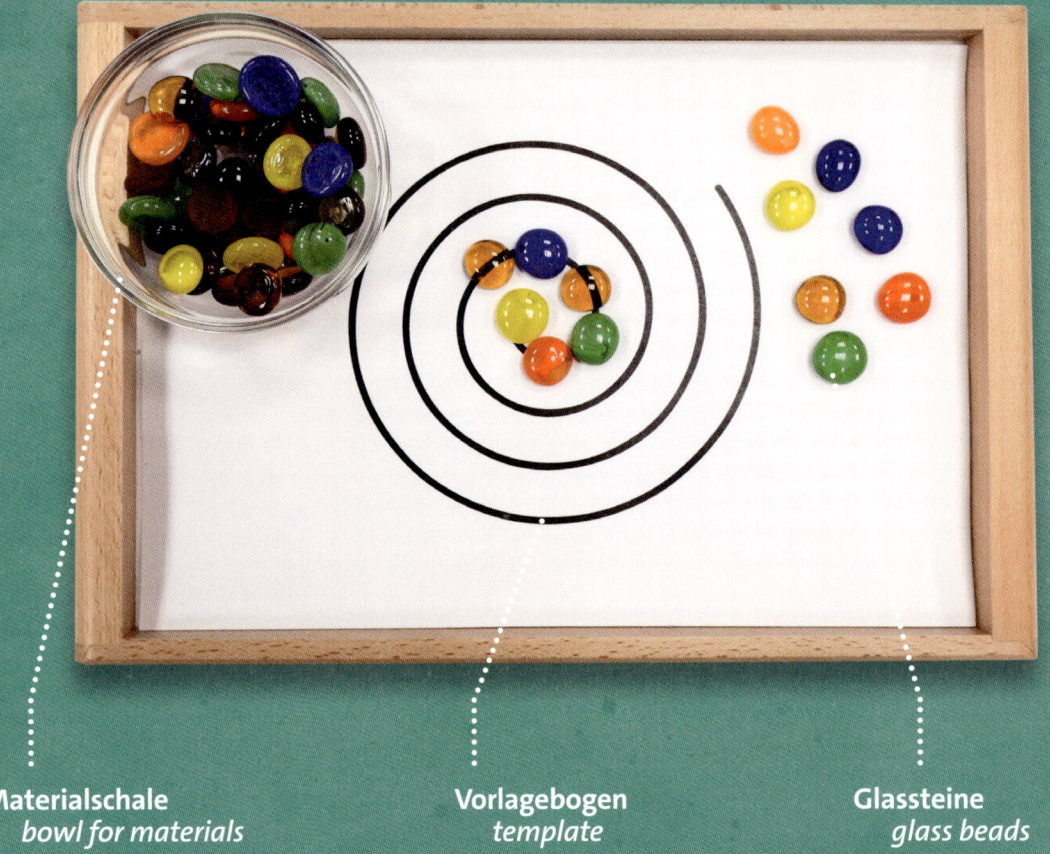

Materialschale
bowl for materials

Vorlagebogen
template

Glassteine
glass beads

 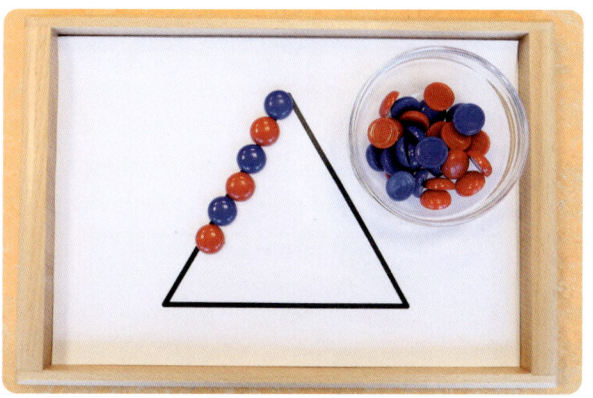

Das tut das Kind

Farbige Knöpfe oder bunte Glassteine auf einer Spirale oder anderen vorgezeichneten Formen anordnen.

Lernziel

Üben, einer Linie zu folgen, Förderung der Feinmotorik.

Herausforderungen planen

Bei dieser Übung kommt es auf das Einhalten der Linie an. Die Form der Linie soll mit Materialien nachgelegt werden. Eine Herausforderung wären kompliziertere Linienformen, die sich kreuzen.

What the child does

Positions coloured buttons or glass beads on a spiral template or other template.

Learning objective

To practice following a line; fine motor skills.

Make it more challenging

In this task, the challenge is to stay on the line. The child places the materials along the line. The task can be made more challenging by drawing more complicated lines which intersect each other.

Darauf achten
Achtung, Kleinteile können verschluckt werden!

Important
Caution! Danger of choking.

Schöne Muster, gelegte Bilder | *Pretty patterns, placing pictures*

Mandala aus Holzfiguren
Mandala with wooden figures

Materialschale
bowl for materials

Holzfiguren
wooden figures

Mandala Vorlage
mandala template

Das tut das Kind
Ein Mandala aus einfachen Figuren nach einem vorgegebenen Muster legen.

Lernziel
Konzentration und Ausdauer trainieren.
Die Auge-Hand-Koordination üben und Formen und Farben erkennen und zuordnen.

Herausforderungen planen
Zuerst ein einfaches Mandala aus einem und später zwei Ringen anbieten, dies lässt sich anschließend erweitern. Mandalas lassen sich aus vielerlei Dingen legen: Holztieren, Legeplättchen, Glasbausteinen oder Samen. Alles ist möglich, sollte aber zum Alter und zur Entwicklung der Kinder passen. Für kleinteilige Dinge wie Samen, Erbsen und Bohnen braucht man viel Geschicklichkeit.

What the child does
Makes a mandala using simple figures, copying the template provided.

Learning objective
To practice concentration and perseverance.
To practice eye-hand coordination and recognise and match different colours.

Make it more challenging
Begin with a mandala consisting of one ring, then add a second ring. You can progress to further rings later. Mandalas can be made with a wide range of objects: wooden animals, coloured tiles, glass stones or seeds, for example. It's up to you — but make sure it's suitable for the child's age and level of development. Good motor skills are required for small objects like seeds, peas and dried beans.

Darauf achten
Alle Einzelelemente der gleichen Form sollten immer in nur einer Farbe angeboten werden.

Important
All single pieces which are the same shape should also be the same colour.

Schöne Muster, gelegte Bilder | *Pretty patterns, placing pictures*

Die Klammer-schlange
The clip snake

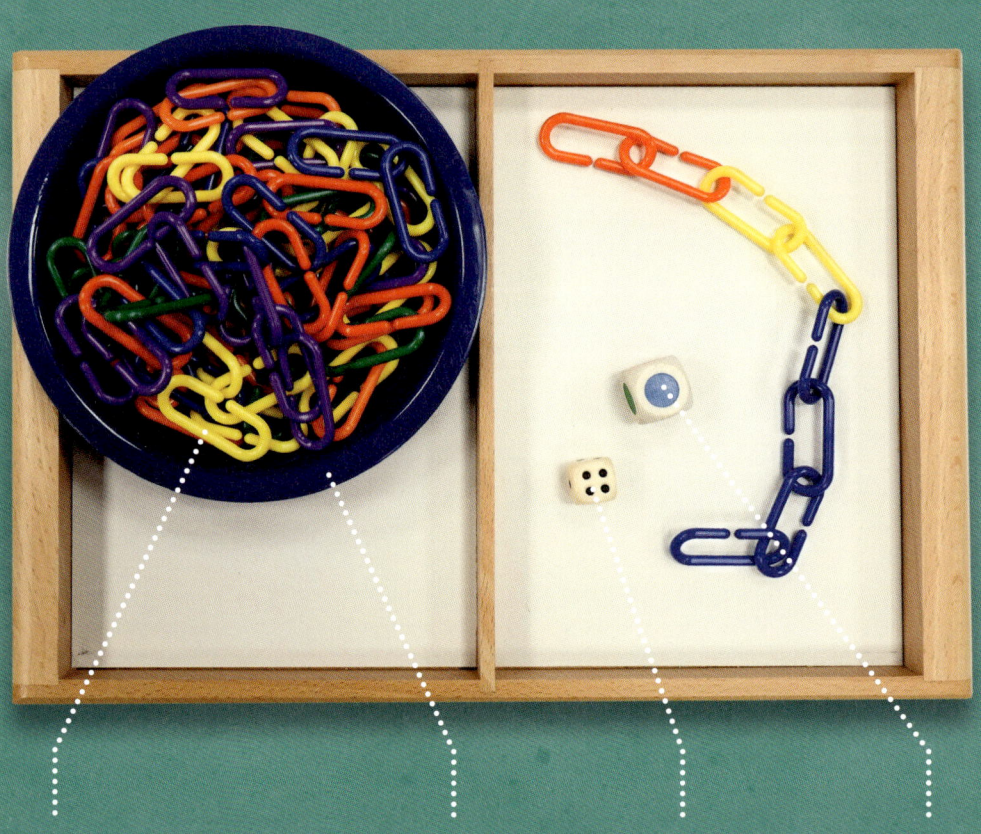

bunte Kettenteile
coloured chain links

Materialschale
bowl for materials

Zahlenwürfel
number dice

Farbwürfel
colour dice

Das tut das Kind
Farbige Büroklammern oder Klettenteile verbinden und dabei nach einem durch die Würfel vorgegebenen Farbmuster ordnen.

Lernziel
Fingerfertigkeit und Konzentration üben.
Ein Muster erkennen und nachbauen können.

Herausforderungen planen
Die Anzahl der Farben erhöhen und den Rhythmus des Musters schwieriger gestalten. Die Anordnung der Farben durch einen Farbwürfel, die Anzahl einer Farbe durch einen Zahlwürfel wählen lassen.

What the child does
Joins paper clips or chain links, rolling the colour dice to determine the colour sequence.

Learning objective
To practice fine motor skills and concentration.
To recognise and copy a pattern.

Make it more challenging
Increase the number of colours or make the pattern more challenging. Roll the colour dice to determine the next colour, and the number dice to determine the number of links in that colour.

Darauf achten
Bei jüngeren Kindern wenige Farben verwenden.

Important
Use fewer colours for smaller children.

Schöne Muster, gelegte Bilder | *Pretty patterns, placing pictures*

Formenschaschlik

Shape kebab

Mustervorlage
template

bunte Perlen mit verschiedenen Formen
coloured beads in different shapes

Materialschale
bowl for materials

Stab zum Aufstecken der Perlen
stick, for threading the beads onto

Das tut das Kind
Unterschiedlich geformte, verschiedenfarbige Perlen nach einem vorgegebenen Muster auf einen Stab auffädeln.

Lernziel
Ein Muster erkennen und wiedergeben können.

Herausforderungen planen
Die Anzahl der Farben erhöhen und den Rhythmus des Musters schwieriger gestalten.

What the child does
Threads differently coloured and shaped beads onto a stick, following the pattern provided.

Learning objective
To recognise and copy a pattern.

Make it more challenging
Increase the number of colours or make the pattern more challenging.

Darauf achten
Das Tablett immer gemeinsam mit einem Musterbild anbieten.

Important
Always make sure there is a template on the activity tray.

Geometrie zum Spielen

Geometry fun

Tabletts zum Erkennen geometrischer Formen und ihrer Bedeutung im Alltag

Trays for recognising geometrical shapes and their significance in daily life

Geometrie zum Spielen | *Geometry fun*

Dreieck, Viereck – Haus
House with triangles and rectangles

verschiedene geometrische Formen
various geometric shapes

Vorlage
template

Materialschale
bowl for materials

Das tut das Kind
Legeplättchen zu einem Bild anordnen.

Lernziel
Einfache Formen erkennen, nennen und mit der Wirklichkeit vergleichen können: Ein Dreieck kann ein Hausdach sein, ein Kreis ein Kopf.

Herausforderungen planen
Schwierigkeitsgrad erhöhen: von einfachen Vorlagen, wie z.B. Haus oder Mensch, zu komplexeren Figuren wie Feuerwehrauto.

What the child does
Places tiles to make a picture.

Learning objective
To recognise and name simple shapes, and compare them with real objects: triangles as roofs, circles as heads.

Make it more challenging
Start with simple templates (e.g., house, person) before making the task more challenging with more complex templates (e.g., fire engine).

Darauf achten
Legeplättchen immer in einer Materialschale anbieten, die Vorlagen zum Aufstellen in gekerbte Hölzer einschieben oder eine Gelegenheit zum Anlehnen der Vorlage bereitstellen. Die Legerahmen immer frei lassen, damit das Kind gleich arbeiten kann.

Important
Always put the tiles in a bowl, and prop the template up on a wooden stand or similar. Make sure there is a free space for laying the tiles so that the child can get to work straight away.

Geometrie zum Spielen | *Geometry fun*

Würfel-sudoku *Dice sudoku*

Formenvorlage
template

Legeraster
grid

Würfel mit bunten Formenaufdrucken
dice with coloured shapes

Das tut das Kind
Würfel mit unterschiedlichen Formenaufdrucken ordnen.

Lernziel
Ein Muster erkennen und vervollständigen können.

Herausforderungen planen
Von einfachen Sudokuvorlagen zu schwierigeren steigern. Komplexe Muster erkennen und fortführen.

What the child does
Sorts dice which depict different shapes.

Learning objective
To recognise and complete a pattern.

Make it more challenging
Start with simple sudoku templates and progress to more challenging ones. Recognise and complete a complex pattern.

Darauf achten
Bei jüngeren Kindern einfache Muster verwenden.

Important
Use simple patterns for smaller children.

Geometrie zum Spielen | *Geometry fun*

Tangram

Tangram

---

iPad
iPad

Osmo Play Starter Kit
Osmo Play starter kit

Blatt Papier
Sheet of Paper

Das tut das Kind
Aus Legeplättchen eine Figur nachbauen.

Lernziel
Die Grundformen der Legeplättchen erkennen und nennen können, diese als Bildelement verwenden. Training der Auge-Hand-Koordination.

Herausforderungen planen
Von einfachen Tangrams zu schwierigen steigern. Figurvorlage ohne Farbdifferenzierung anbieten.

What the child does
Creates a picture using the tiles.

Learning objective
To recognise and name basic tile shapes and use these to create a picture. Eye-hand coordination.

Make it more challenging
Start with simple tangrams and progress to more challenging pictures.
Provide a template without specific colours.

Darauf achten
Echte Tangramspiele verwenden, damit die Größenverhältnisse der Formen stimmen.

Important
Use original tangram tiles so that the proportions are correct.

Geometrie zum Spielen | *Geometry fun*

Finde den Schatten *Find the shadow*

„Schatti" Set
"Schatti" set

Das tut das Kind
Mit Bausteinen eine vorgegebene Schattenform nachbauen.

Lernziel
Vorstellungsvermögen und planerisches Vorgehen.

Herausforderungen planen
Figuren komplexer gestalten.
Bausteine werden diagonal aufgestellt.

What the child does
Uses building blocks to recreate the shadow shape provided.

Learning objective
To use their imagination and develop a strategy.

Make it more challenging
Create more complex pictures.
Place tiles diagonally.

Darauf achten
Die Bausteine müssen der Größe der Schattenkörper entsprechen.

Important
The building blocks must be the right size for the shadow picture in question.

Geometrie zum Spielen | *Geometry fun*

Mal es mir in den Sand
Draw it in the sand

Maisgries
semolina

Buchstabenvorlagen oder Mustervorlagen
letter templates or pattern templates

Das tut das Kind
Vorgegebene Formen mit den Fingern im Sand nachzeichnen.

Lernziel
Auge-Hand-Koordination trainieren. Erste Übungen für die spätere Handschrift durchführen.

Herausforderungen planen
Erste einfache Formen, dann schwierigere Formen anbieten. Eine weitere Steigerung ist es, die Form gleichzeitig mit beiden Händen auf das Tablett zu zeichnen.

What the child does
Copies shapes by tracing them in sand.

Learning objective
To train eye-hand coordination. First exercises to prepare for learning to write.

Make it more challenging
Start with simple shapes and progress to more challenging shapes. You could also challenge the child to trace the shape with both hands at the same time.

Darauf achten
Immer nur die Form, die gezeichnet werden soll, auf das Tablett legen. Die anderen Formen in einem Schälchen neben dem Tablett platzieren.

Important
Only the shape to be copied next should be placed on the activity tray. Place any other shapes in a small bowl next to the activity tray.

Ene, mene, muh – Sprachspiele

eny, meeny, miny mo – language games

Tabletts zum Üben von Sprache und zur Erweiterung des Wortschatzes

Trays for language training and expanding vocabulary

Ene, mene, muh – Sprachspiele | *Eeny, meeny, miny, mo – language games*

Reimwörter finden
Finding rhyming words

Karten, die sich reimende Begriffe darstellen
cards where the words on the pictures rhyme

Materialschale
bowl for materials

Das tut das Kind
Bildkarten erkennen, die Abbildung benennen und die Karte finden, auf der ein Gegenstand ist, der sich auf den der ersten Bildkarte reimt.

Lernziel
Reime erkennen und selber reimen können.

Herausforderungen planen
Drei und mehr Reimwörter finden.

What the child does
Recognises and names the picture on the card, and finds another card where the word for the picture rhymes with the first card.

Learning objective
To recognise and think up rhymes.

Make it more challenging
To find three or more words that rhyme.

Darauf achten
Die abgebildeten Gegenstände müssen mit ihren charakteristischen Merkmalen deutlich zu erkennen sein.

Important
The objects depicted on the cards must be clearly and unambiguously identifiable.

Ene, mene, muh – Sprachspiele | *Eeny, meeny, miny, mo – language games*

Bildmemory mit Reimen
Picture card memory game with rhyming words

Karten, die sich reimende Begriffe darstellen
cards where the words on the pictures rhyme

Materialschale
bowl for materials

Das tut das Kind
Kind findet im Memory Paare mit Bildern, die sich reimen.

Lernziel
Benennen von Dingen, Reimen, Ausdauer und Konzentration.

Herausforderungen planen
Anzahl der Memorykarten erweitern.

What the child does
Looks for pairs of cards which rhyme.

Learning objective
To name objects, find rhymes, practice perseverance and concentration.

Make it more challenging
Increase the number of cards used.

Darauf achten
Die abgebildeten Gegenstände müssen mit ihren charakteristischen Merkmalen deutlich zu erkennen sein.

Important
The objects depicted on the cards must be clearly and unambiguously identifiable.

Ene, mene, muh – Sprachspiele | *Eeny, meeny, miny, mo – language games*

Zusammengesetzte Wörter *Compounds*

Bildkarten
picture cards

Materialschale
bowl for materials

Das tut das Kind
Bildkarten finden und so zusammenlegen, dass sich ein zusammengesetztes Wort ergibt.

Lernziel
Erkennen, dass es in unserer Sprache viele Begriffe gibt, die aus mehreren Wörtern zusammengesetzt sind. Sprachverstehen, den Sprachgebrauch üben und den Wortschatz erweitern.

Herausforderungen planen
Einfache Begriffe kommen zuerst auf das Tablett. Sind die Kinder älter, können es schwierigere Wörter sein. Es können auch Karten zu bestimmten Themen angeboten werden.

What the child does
Finds picture cards and joins them with a second card to create a compound.

Learning objective
To recognise that many words in our language are compounds of two or more words. To understand language, practice language use and expand their vocabulary.

Make it more challenging
Start with simple words and compounds. As children grow older, you can introduce more challenging compounds. You could also select cards according to a certain theme.

Darauf achten
Die abgebildeten Gegenstände müssen mit ihren charakteristischen Merkmalen deutlich zu erkennen sein.

Important
The objects depicted on the cards must be clearly and unambiguously identifiable.

Ene, mene, muh – Sprachspiele | *Eeny, meeny, miny, mo – language games*

Teile von Dingen *Parts of objects*

Bildkarten
picture cards

geometrische Legeplättchen
shaped tiles

Das tut das Kind
Vorgegebene Bildkarten sortieren.
Sie bestimmen den schrittweisen Aufbau der Figur.
Eine weitere Bildkarte zeigt das fertige Ergebnis.

Lernziel
Verstehen und Ordnen einer Reihenfolge.
Geometrische Formen erkennen und zuordnen.

Herausforderungen planen
Komplexere Figuren legen.
Anzahl der Schritte verringern.

What the child does
Sorts the picture cards provided.
You define the number of steps needed to create the picture. Another card shows the final result.

Learning objective
To understand and create a sequence.
To recognise and match different shapes.

Make it more challenging
Create more complex pictures.
Use fewer steps.

Darauf achten
Figuren und Anzahl der Schritte altersentsprechend anbieten.

Important
Adjust the pictures and number of steps to the age of the child.

Ene, mene, muh – Sprachspiele | *Eeny, meeny, miny, mo – language games*

Bilder benennen und zuordnen *Naming and sorting pictures*

Karten mit Buchstaben
letter cards

Karten mit Bildern
picture cards

Das tut das Kind
Bildkarten zu den entsprechenden Anfangsbuchstaben zuordnen.

Lernziel
Dinge benennen. Anfangsbuchstaben erkennen und zuordnen.

Herausforderungen planen
Wörter mit schwierigen Anfangsbuchstaben (z. B. St, Sch…) anbieten.

What the child does
Sorts picture cards according to the first letter of the object depicted.

Learning objective
To name objects. To recognise the first letter of a word and sort pictures accordingly.

Make it more challenging
Challenge the child to find the first phoneme in a word (e. g. st, sh…).

Darauf achten
Die abgebildeten Gegenstände müssen mit ihren charakteristischen Merkmalen deutlich zu erkennen sein.

Important
The objects depicted on the cards must be clearly and unambiguously identifiable.

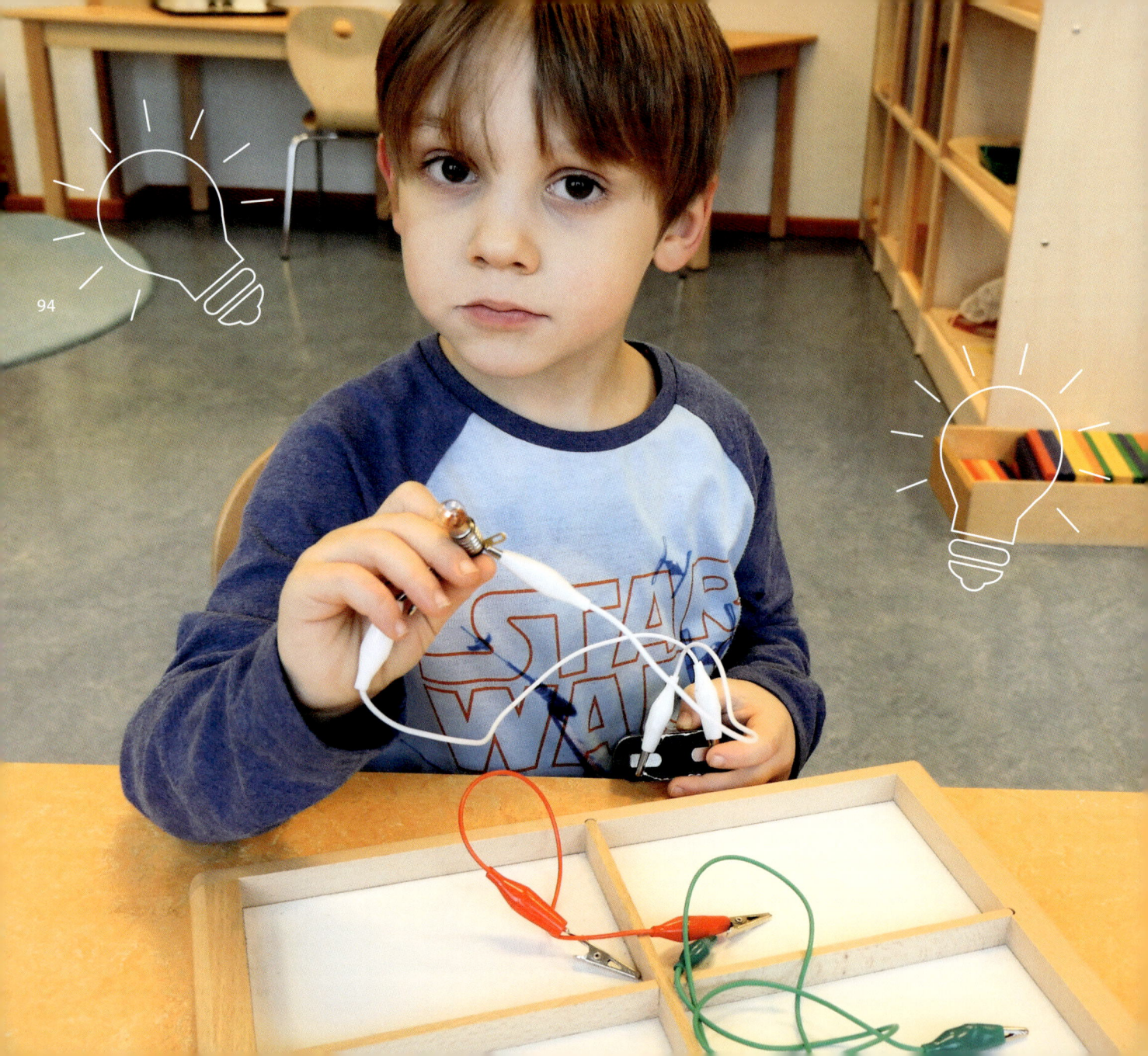

Überall Lichter

Let there be light

Tabletts zum Verstehen und sicheren Anwenden von Strom

Trays for understanding electricity and using it safely

Überall Lichter | *Let there be light*

Liebe Lampe, leuchte! *Glow, lamp, glow!*

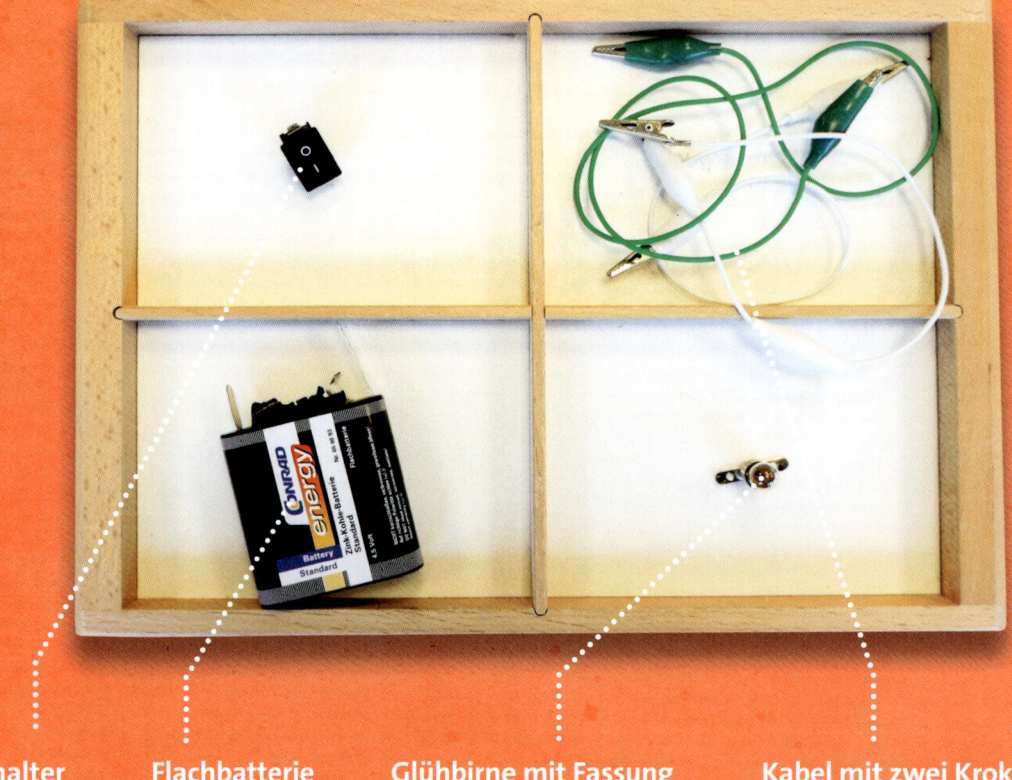

Schalter
switch

Flachbatterie
flat battery

Glühbirne mit Fassung
lightbulb with socket

Kabel mit zwei Krokodilklemmen
cable with two crocodile clips

Das tut das Kind
Einen Stromkreis zusammensetzen und so eine Lampe zum Leuchten bringen.

Lernziel
Verstehen, wie Strom fließt, was eine Batterie, eine Glühlampe und ein Schalter ist.

Herausforderungen planen
Einfache Stromkreise aus Batterie, Krokodilklemmen und Lampe mit Schalter versehen. Reihen- und Parallelschaltung vorgeben.

What the child does
Creates an electric circuit to make a lightbulb glow.

Learning objective
To understand how electricity flows, and what a battery, a lightbulb and a switch are for.

Make it more challenging
Create a simple electric circuit using a battery, crocodile clips and a lightbulb and switch. Specify the series circuit and parallel circuit.

Darauf achten
Zusätzlich kann eine Vorgabe in Form eines Fotos zur Verfügung gestellt werden, das die korrekte Zusammensetzung zeigt.

Important
A template can be provided that show the right composition.

Überall Lichter | *Let there be light*

Strahlende Bilder *Glowing pictures*

Bild, welches leuchten soll
picture to illuminate

selbstklebendes Kupferband
self-adhesive copper strip

Knopfzelle
button cell

LED
LED

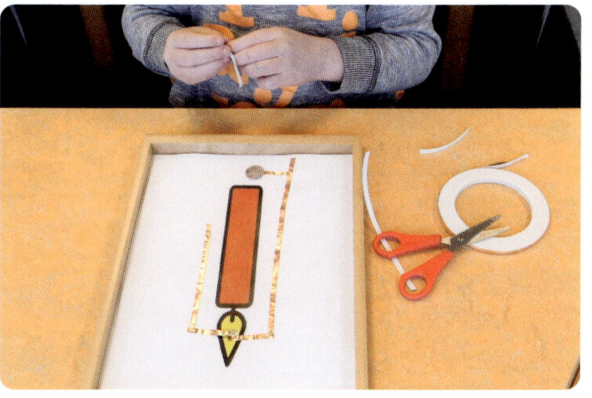

Das tut das Kind
Bildkarten mit Leuchtdioden versehen und an eine Batterie anschließen.

Lernziel
Verstehen, wie Strom fließt und wie eine Lampe zum Leuchten gebracht wird. Fingerfertigkeit trainieren.

Herausforderungen planen
Die gelochte Bildkarte wird zuerst nur mit einer, später mit mehreren Lampen versehen.

What the child does
Pokes an LED through a hole in a picture card and attaches it to a battery.

Learning objective
To understand how electricity flows and to make an LED glow. To practice dexterity.

Make it more challenging
Start with one, and then add more LEDs to the picture card.

Darauf achten
Die Vorgabe in Form eines Fotos muss sehr genau zu erkennen sein und die auf dem Tablett enthaltenen Dinge abbilden.

Important
The template (in the form of a photo) must be very distinct, and depict parts which are identical to those on the activity tray.

Im Puppenhaus brennt Licht
Light in the doll's house

Überall Lichter | Let there be light

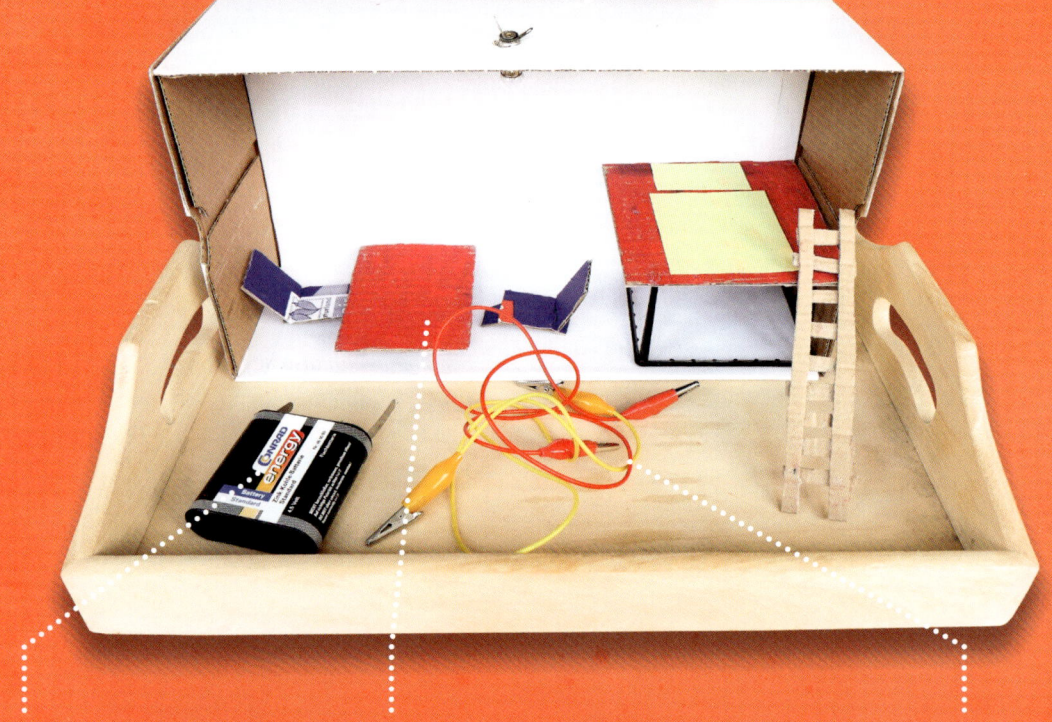

Glühbirne mit Fassung
lightbulb with socket

Flachbatterie
flat battery

selbstgebaute Puppenstube
home-made doll's house

Kabel mit zwei Krokodilklemmen
cable with two crocodile clips

Das tut das Kind
Eine aus einem Schuhkarton gebaute oder echte Puppenstube beleuchten.

Lernziel
Verstehen, wie Strom fließt und wie eine Lampe zum Leuchten gebracht wird. Handwerkliche Tätigkeiten kennenlernen und üben.

Herausforderungen planen
Es können auch Klingeln und Schalter eingebaut werden.

What the child does
Illuminates a shoebox doll's house or other doll's house.

Learning objective
To understand how electricity flows and to make an LED glow. To learn and practice manual skills.

Make it more challenging
Bells and switches can also be included.

Darauf achten
Die Vorgabe in Form eines Fotos muss sehr genau zu erkennen sein und die auf dem Tablett enthaltenen Dinge abbilden.

Important
The template (in the form of a photo) must be very distinct, and depict parts which are identical to those on the activity tray.

Überall Lichter | *Let there be light*

Plus und Minus *Plus and minus*

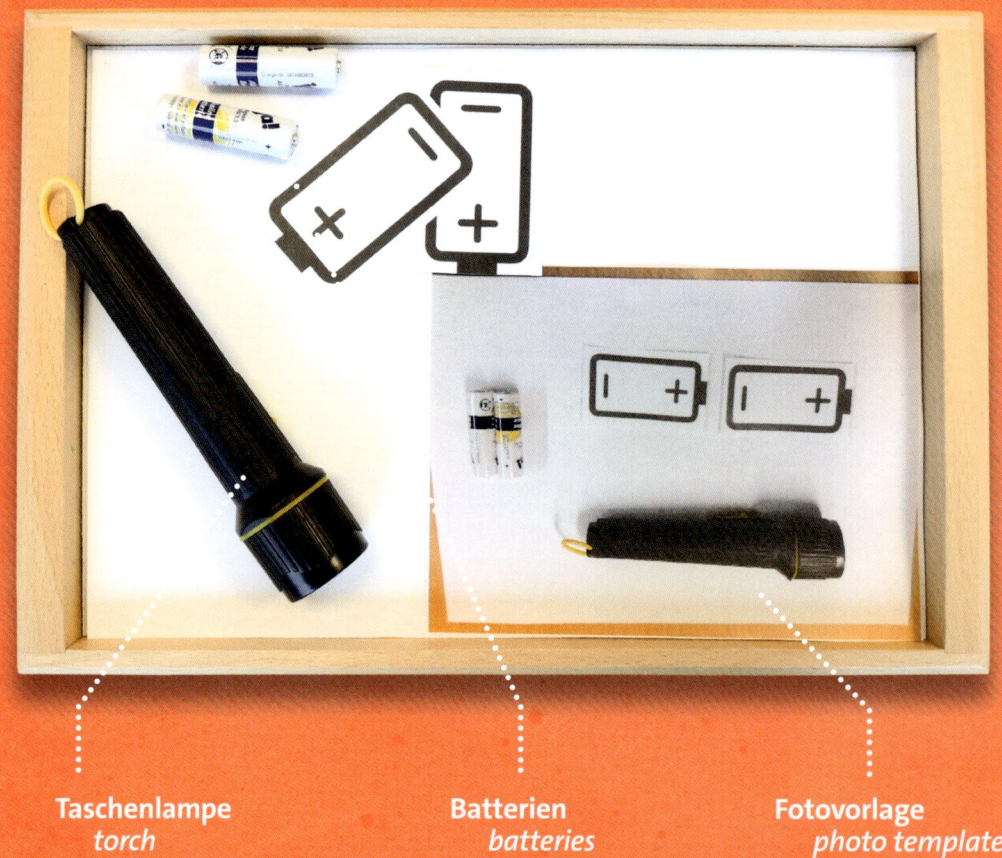

Taschenlampe *torch*

Batterien *batteries*

Fotovorlage *photo template*

Das tut das Kind
Batterien in verschiedene Geräte, z. B. Taschenlampen, einlegen.

Lernziel
Verstehen, dass Batterien einen Plus- und einen Minuspol haben und die richtige Handhabung von Batterien lernen.

Herausforderungen planen
Die Herausforderung besteht darin, das Gelernte auf unterschiedliche Batterietypen übertragen zu können. Daher ist es sinnvoll, Geräte mit unterschiedlichen Batterieformen anzubieten.

What the child does
Inserts batteries into various devices, e.g., a torch.

Learning objective
To understand that the batteries have a positive and a negative pole, and to learn to handle batteries correctly.

Make it more challenging
The challenge lies in applying the newly acquired knowledge to different types of battery. For this purpose, it makes sense to find devices which use different battery types.

Darauf achten
Das Angebot auf dem Tablett geordnet halten, auch wenn das Kind für das präsentierte Gerät unterschiedliche Batterien angeboten bekommt.

Important
Make sure the objects are arranged on the tray in an orderly fashion, even if you are offering the child different types of battery for the device in question.

105

Wieso, weshalb, warum?

What? Why? How?

Tabletts zum Festigen von Weltwissen

Trays for consolidating general knowledge

Wieso, weshalb, warum? | *What? Why? How?*

Welches Tier wohnt wo?
Where do the animals live?

verschiedene Tiere
various animals

Bildkarten mit verschiedenen Lebensräumen
picture cards with different habitats

Materialschale
bowl for materials

Das tut das Kind

Bildkarten von Tieren den jeweiligen Lebensräumen der Tiere zuordnen.

Lernziel

Wissen, wo welches Tier wohnt, Kategorien bilden, z. B. Land, Luft, Wasser usw.

Herausforderungen planen

Lebensraumfotos erweitern, z. B. Nest, Bau, Hütte usw.

What the child does

Matches the animals in the pictures cards to their corresponding habitat.

Learning objective

To learn where different animals live, to categorise, e.g. land, air, water etc.

Make it more challenging

Expand the habitat pictures to include nests, burrows, dens etc.

Darauf achten

Auf den Rückseiten der Bildkarten die richtigen Lösungen abbilden, damit die Kinder sich selbst überprüfen können.

Important

Include the correct answer on the rear of the picture card so that the child can check their own choices.

Wieso, weshalb, warum? | *What? Why? How?*

Magnetismus

Magnetism

Materialschalen zum Sortieren
bowls for sorting materials

magnetische Gegenstände
magnetic objects

Magnet
magnet

Das tut das Kind
Mit unterschiedlichen Magneten hantieren und dabei erfahren, wie die beiden Pole sich verhalten.

Lernziel
Magnetismus verstehen lernen.

Herausforderungen planen
Magnetismus durch ein Papier hindurch erfahrbar machen.

What the child does
Experiments with various magnets and learns how the positive and negative poles react.

Learning objective
To understand the concept of magnetism.

Make it more challenging
Experiment with magnetic forces acting through a piece of paper.

Darauf achten
Die Pole der Magnete farbig markieren. Dabei darauf achten, dass für Minus und Plus immer die gleiche Farbe verwendet wird.

Important
Colour mark the different poles of the magnets. Make sure you always use the same colour for the positive pole and a different but same colour for the negative pole.

Wieso, weshalb, warum? | *What? Why? How?*

Welche Frucht ist das? *What fruit is it?*

Bilderkarten mit Fruchtteilen
picture cards showing fruit segments

Bilderkarten mit Früchten und Gemüse
picture cards showing whole pieces of fruit and vegetables

Das tut das Kind
Kinder ordnen Fotos von ganzen Früchten oder Gemüse zu Fotos mit einzelnen Bestandteilen.

Lernziel
Früchte erkennen und Fruchtteile zuordnen. Verstehen, welche Dinge zusammengehören.

Herausforderungen planen
Fruchtteil und Pflanze zu Paaren sortieren.

What the child does
Matches the picture of the whole piece of fruit or vegetable with the corresponding segment.

Learning objective
To recognise and match fruits and segments of fruit. To understand which pictures belong together.

Make it more challenging
Match a segment of fruit to the corresponding plant.

Darauf achten
Bei kleineren Kindern einfache Früchte wählen.

Important
Choose simple fruits for small children.

Ein Wort zum Schluss

A final word

Die Arbeit mit Aktionstabletts erleichtert vieles im Kindergarten. Zum einen gewinnt der Pädagoge Zeit. Zum anderen bieten Tabletts eine Möglichkeit, die Kinder beim eigenständigen Lernen zu unterstützen.
Allerdings funktioniert auch diese Methode nicht von allein. Tabletts müssen im Kindergartenalltag eingeführt werden, es braucht Regeln für die Arbeit damit. Die Einhaltung dieser Regeln muss überwacht werden.
Es reicht nicht aus, einfach ein paar Tabletts in die Regale im Gruppenraum zu stellen. Die Arbeit mit den Tabletts muss in allen wichtigen Ritualen und Routinen im Kindergarten verankert sein. In der monatlichen Planungssitzung sollte nicht nur der Monatsplan geschrieben, es sollte auch geplant werden, welche Tabletts den Kindern im Folgemonat angeboten werden.
Die Raumgestaltung muss zur Tablettarbeit passen. Die Tabletts sollten in einem Raumbereich präsentiert werden, der sich zum Lernen eignet. Das bedeutet, dass ein Tisch mit Stühlen in der Nähe sein muss. In dem Raumbereich sollten keine weiteren Spielangebote vorhanden sein, damit die Kinder an den Tabletts in Ruhe Aufgaben

Working with activity trays makes life easier in a day nursery. Not only does it give nursery nurses more time; the activity trays also help children to learn independently.
However, this method doesn't work without a certain amount of input. You'll need to introduce the activity trays into the daily routine of the nursery, and set down various rules. And you'll need to make sure the rules are followed.
You can't just put a few activity trays on a shelf in the group room and think that's everything. Working with the activity trays has to be anchored in all the important rituals and routines of the nursery. When you sit down for your monthly planning meeting, you not only need to draw up your monthly plan, but also decide which activity trays to prepare for the children in the coming month.
The activity trays should correspond to the room decoration theme. The trays should be used in an area of the room dedicated to educational purposes. In other words, you'll need a table and chairs. There should be no

lösen können. Für einige Aufgaben ist es wichtig, einen sehr ruhigen Sitzbereich anzubieten. Vielleicht einen direkt an der Wand angebrachten Tisch, an dem die Kinder vom Raumgeschehen abgewandt sitzen und konzentriert arbeiten können.

Das Lernen an den Aktionstabletts kann als Phase in den Tagesablauf eingebaut werden. Beispielsweise kann die halbe Stunde nach dem Morgenkreis eine Zeit sein, in der die Kinder Aufgaben am Tablett lösen. Es ist durchaus sinnvoll, solch eine Routine einzuführen, da diese halbe Stunde konzentriertes Arbeiten dem Pädagogen die Möglichkeit gibt, die Kinder zu beobachten und dem einen oder anderen Kind bei der Bewältigung seiner Herausforderungen zu helfen.

Tablettarbeit lohnt sich!

toys in this part of the room; this will prevent children from being distracted as they sit and work on their activity trays. Some activity trays will require a very peaceful work area. Here, the answer might be to place the child at a table facing the wall so that they can concentrate better.

Working with activity trays can become a fixed part of the daily routine. For example, you could assign half an hour after the morning circle for working with activity trays. It's definitely worth making this routine a fixture, because this half hour of concentrated work provides nursery nurses with the opportunity to observe the children and help them individually as required.

Activity trays are worthwhile!

Autorin

Author

Antje Bostelmann

ist ausgebildete Erzieherin und bildende Künstlerin. 1990 gründet sie Klax, anfangs als private Malschule und Nachmittagsbetreuung mit künstlerischem Schwerpunkt, heute ein überregionaler Bildungsträger mit Krippen, Kindergärten und Schulen in Deutschland und Schweden. Mit der Klax-Pädagogik hat sie ein modernes pädagogisches Konzept entwickelt, welches das Kind in den Mittelpunkt der pädagogischen Arbeit stellt und das heute allen Klax-Einrichtungen zugrunde liegt. Als Erfinderin der Klax-Pädagogik ist sie maßgeblich an der Etablierung der Portfolio-Arbeit und dem selbstorganisierten Lernen in Deutschland beteiligt. Dabei engagiert sie sich für einen europaweiten pädagogischen Austausch. Sie entwickelt Lern- und Spielmaterialien für die Arbeit in Kindergarten und Krippe. In zwanzig Jahren hat sie über 50 pädagogische Fachbücher veröffentlicht, darunter viele Bestseller. Antje Bostelmann ist Mutter von drei Kindern und lebt in Berlin.

Antje Bostelmann

Antje Bostelmann is a qualified nursery school teacher and visual artist. She founded Klax in 1990, initially as a private art school and afternoon childcare facility with a focus on art, but now a national educational institute with day nurseries, preschools and schools in Germany and Sweden. She developed the Klax educational theory, a modern educational concept common to all Klax facilities and which focuses strongly on the child. As the originator of the Klax educational theory, she is substantially involved in establishing portfolio work and self-organised learning approaches in Germany. In doing so, she is keen to promote the sharing of educational approaches on a European level. She develops educational materials and play materials for use in preschools and day nurseries. Over the last twenty yers, she has published more than 50 educational reference books, many of which have become bestsellers. Antje Bostelmann has three children and lives in Berlin.

Danksagung

Acknowledgements

Ein großer Dank

gilt dem Kindergarten und der Vorschule in der Konsultationskita von Klax. Angeleitet durch Susan Richter und Silke Schaper sind die im Buch enthaltenen Tabletts entstanden und mit den Kindern erprobt worden.

A big thank you...

to the day nursery and pre-school in the Klax consulting day care facility. Susan Richter and Silke Schaper created the activity trays described in this book and tested them with the nursery children.

Aktionstabletts – Experimente und Spielangebote

40 bewährte Ideen für das Lernen in Krippe und Kindergarten

Jedes Aktionstablett ist eine Einladung zum Entdecken, ein Rätsel mit Rahmen drum herum, ein Impuls zum Forschen: Schon Maria Montessori hat vorgeschlagen, Kindern Aktionstabletts für sie interessierende Tätigkeiten zur Verfügung zu stellen, um ihnen konzentriertes Entdecken und Erforschen zu ermöglichen. In unserem Buch stellen wir die zeitgemäße Antwort auf diese Grundidee vor: 40 neue, in der Praxis erprobte Ideen für Aktionstabletts, die Kindern intensive Auseinandersetzungen ermöglichen – und mit wenig Aufwand von Ihnen hergestellt werden können.

Antje Bostelmann, Michael Fink
Aktionstabletts - Experimente und Spielangebote. 40 Ideen für das Lernen in Krippe und Kindergarten
80 Seiten, Ringbindung
zweisprachig: Deutsch/Englisch
ISBN 978-3-942334-60-0

www.bananenblau.de

Spiel- und Sortiertabletts

Diese Tabletts wurden speziell für Kleinkinder entwickelt. Sie eignen sich hervorragend zum Transportieren, Stapeln, Sortieren, Malen, Ordnen, Legen, als Unterlage und als Rahmen für vielerlei Material. Besonders Krippenkinder werden für diese Tabletts immer neue und kreative Verwendungs- und Spielmöglichkeiten entdecken und erproben.

Material: MDF-Platte, weiß beschichtet, Rahmen Buchenholz.

1) 103173   Spiel- und Sortiertablett 1
Maße: 34 x 23 cm, für DIN A4 Malpapiere

2) 103174   Spiel- und Sortiertablett 2
Maße: 34 x 23 cm, DIN A5, 2 Felder, 14,7 x 21,3 cm

3) 103176   Spiel- und Sortiertablett 4
mit Unterteilung für DIN A4 Papier und Stifte,
(1 Feld B/T 30 x 21,2 cm; 1 Feld B/T 30 x 6,3 cm). Maße: 34 x 30 cm

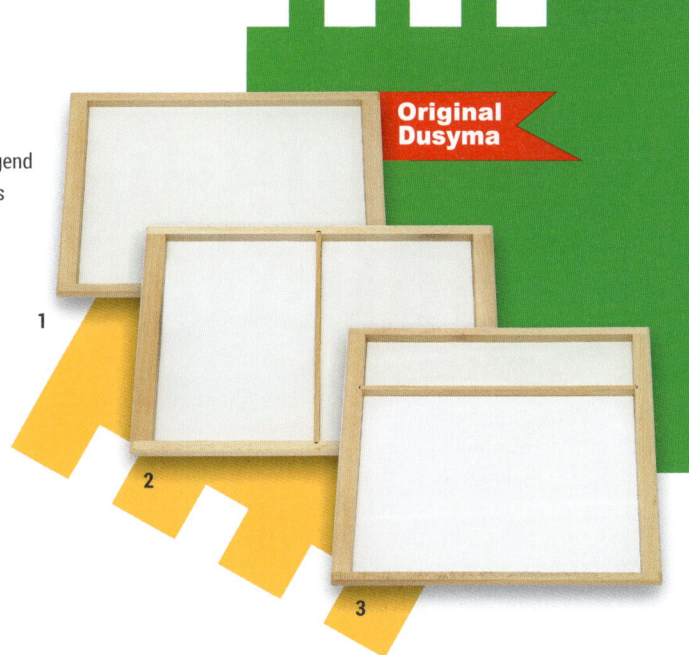

Sortier-Werkstatt

Ab 3 Jahre. Inhalt/Material: Sortier-Box mit 8 Fächern, Zahlenwürfel, 3 Drehscheiben, 6 Sortierschalen, 36 Dino-Spielsteine, 36 Fahrzeug-Spielsteine, 36 Obst-Spielsteine, 72 Bauernhof-Spielsteine, 100 Mustersteine, 102 Kettenglieder, 250 Kunststoff-Spielsteine, Spielanleitung

Art.-Nr.: 546287

www.dusyma.de
Herstellung und Vertrieb durch Dusyma Kindergartenbedarf GmbH

Führungen und Hospitationen

In unserer Konsultationskita wird das Konzept der Klax-Pädagogik exzellent umgesetzt und spiegelt sich in allen Phasen des pädagogischen Alltages wider. Wir laden Sie herzlich ein, die Umsetzung der Klax-Pädagogik live zu erleben.

In der Konsultationskita für Klax-Pädagogik sind drei Einrichtungen unter einem Dach vereint:

- **Krippe Sonnenhaus**
- **Kindergarten Wolkenhaus**
- **Vorschule Regenbogenhaus**

Institut für Klax-Pädagogik   Arkonastr. 45–49, 13189 Berlin   institut@klax-online.de
Tel.: 030 477 96 145   www.klax-institut.de